Collection de M. Ch. W*** [Wickert]

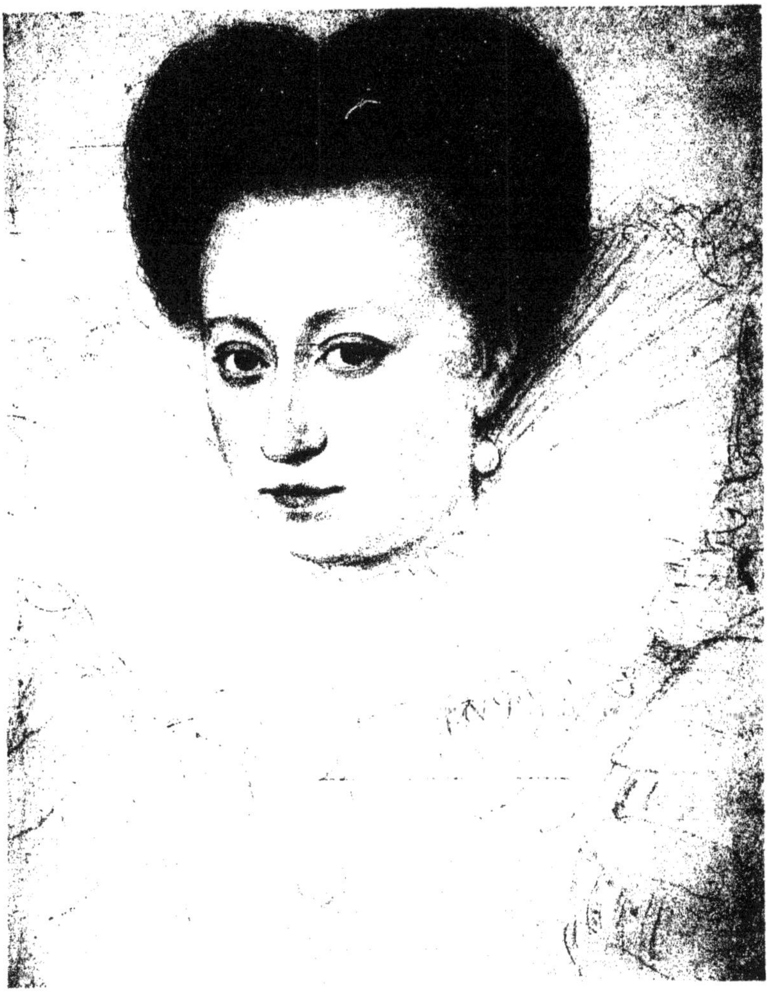

N° 43.

CRAYONS FRANÇAIS

DU XVIe SIÈCLE

(N° 183)

CATALOGUE

DES

CRAYONS FRANÇAIS

DU

XVIE SIÈCLE

COMPOSANT LA

Collection de M. Ch. W***

ET DONT LA VENTE AURA LIEU A PARIS

GALERIES GEORGES PETIT

Le Lundi 3 Mai 1909

à 2 heures 1/2

COMMISSAIRES-PRISEURS

Me F. LAIR-DUBREUIL | **Me ANDRÉ DESVOUGES**
6, rue Favart, 6 | 26, rue Grange-Batelière, 26

EXPERT

M. LOYS DELTEIL, 2, rue des Beaux-Arts.

EXPOSITIONS

PARTICULIÈRE : *Chez* **M. Loys Delteil,** *2, rue des Beaux-Arts*
les Lundi 26, Mardi 27, Mercredi 28 et Jeudi 29 Avril 1909

PARTICULIÈRE : **Galerie Georges Petit**
le Samedi 1er Mai 1909, de 1 heure 1/2 à 6 heures.

PUBLIQUE : **Galerie Georges Petit**
le Dimanche 2 Mai 1909, de 1 heure 1/2 à 6 heures.

CONDITIONS DE LA VENTE

Elle sera faite au comptant.

Les adjudicataires paieront *dix pour cent* en sus des enchères

Paris. — Imp. Georges Petit, 12, rue Godot-de-Mauroi. — 19507-09.

C'est la première fois, peut-être, qu'un ensemble de CINQUANTE-CINQ CRAYONS FRANÇAIS *du* XVIe *siècle est présenté en vente publique, et ceux qui composent la présente collection de M. Ch. W... se recommandent tout particulièrement par leur saveur, leur fraîcheur et leur beauté.*

En dépit des savants travaux de Niel, Léon de Laborde, Reiset, Henri Bouchot, Dimier, Jules Guiffrey, J. Laran, F. Courboin, Ét. Moreau-Nélaton, il demeure difficile, sinon impossible, d'identifier avec une certitude quasi absolue, chacun des admirables crayons de nos artistes, et il n'y a même pas encore bien longtemps que les noms de quelques contemporains de Clouet, des Dumonstier surtout, ont été tirés d'un injuste oubli. Au nom de Clouet, aux noms de Geoffroy, Cosme, Étienne, Pierre et Daniel Dumonstier, sont venus récemment s'ajouter ceux de François et de Nicolas Quesnel, Jean de Court, Benjamin Foulon, Lagneau.

La collection de M. Ch. W... renferme une œuvre sur laquelle se concentrera l'attention des érudits, parce qu'elle porte la signature d'un artiste qui n'avait pas encore été mentionné jusqu'à ce jour : PIERRE BERTAUD. *C'est le crayon catalogué sous le n° 8 et signé :* Petrus Bertaldus fecit 1580. *En dehors de ses qualités artistiques, ce dessin revêt donc un intérêt exceptionnel pour l'étude de notre art national au* XVIe *siècle, en ajoutant un nom nouveau à ceux déjà connus, et en fournissant, en même temps, un nouveau moyen d'identification.*

En présence du manque de certitude dans les déterminations formulées antérieurement par les écrivains d'art les plus autorisés, nous avons cru devoir être très sobre dans l'indication des auteurs présumés des crayons de la collection de **M. Ch. W...**, *préférant laisser à la seule beauté des dessins qu'elle renferme, le soin de charmer et de plaire, plutôt que d'attirer l'attention par des probabilités ne reposant pas sur une base solide.*

Les dessins compris dans notre catalogue, provenant d'ailleurs d'une ancienne collection française, appartenaient, — nous en avons l'intime conviction, — au recueil qu'avait formé, au XVIIe *siècle,* **Henri du Bouchet** *l'aîné, dit Villeflix, et dont la majeure partie compose le fond des crayons français du* Cabinet des Estampes *de Paris.*

Ces crayons, antérieurs à ceux de **Daniel Dumonstier**, *né en 1574 et mort en 1646, sont regardés comme œuvres d'Étienne l'aîné ou de Cosme Dumonstier, et de Nicolas Quesnel; ils appartiennent, en tous cas, à une période qui s'étend entre les années 1577 et 1594.*

Les crayons de la collection de **M. Ch. W...** *possèdent une fraicheur supérieure aux crayons du même recueil conservés par la Bibliothèque Nationale. A cela, rien que de très naturel: les dessins de la Bibliothèque, constamment feuilletés, se sont atténués, et les couleurs se sont parfois décalquées contre les gardes précédentes; ceux, au contraire, de la collection de* **M. Ch. W...**, *restés en recueil jusqu'en ces dernières années, ont tout naturellement conservé la fleur des crayons de couleurs, et, à ce titre, ils sont de précieux témoins de ce qu'étaient ces délicates œuvres à leur origine.*

Aussi est-ce avec un grand plaisir, que nous présentons aux amateurs ces joyaux de la France d'autrefois, joyaux qui ne pourront que provoquer l'admiration de tous ceux que guide, à la fois, le goût le plus fin et le plus sûr.

LOYS DELTEIL.

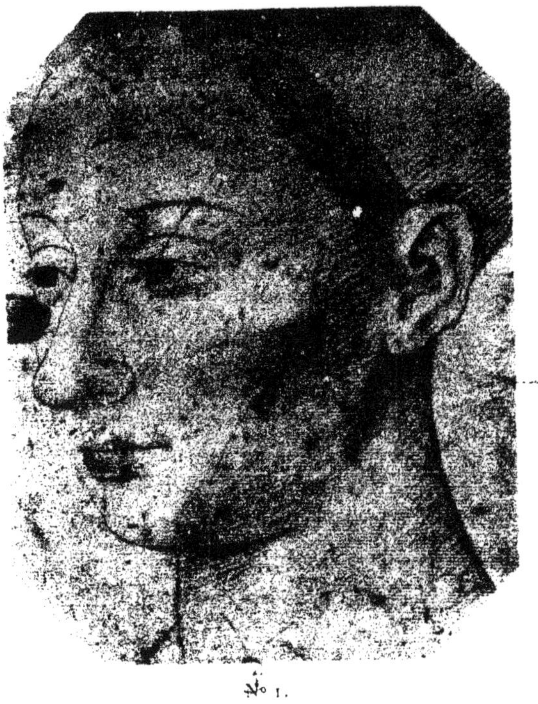

N° 1.

Désignation

ANONYME

(Première moitié du XVIe siècle)

1 — Portrait d'**Agnès Sorel** (dite la Belle Agnès), **maîtresse de Charles VI**, en buste, de trois quarts à gauche, coiffée d'un bonnet serré, emboitant la tête.

Aux deux crayons. De forme octogone.

Dessin du commencement du XVIe siècle, d'après un original du XVe siècle.

Haut., 196 millim.; larg., 158 millim.

REPRODUIT.

2 — Portrait de **Marguerite de Valois, sœur de François Ier**, en buste, tournée de trois quarts à gauche et coiffée du chaperon à templette.

Aux deux crayons. De forme octogone.

Haut., 196 millim.; larg., 136 millim.

3 — Portrait présumé de **Louise de Savoie, duchesse d'Angoulême**, en buste, tournée légèrement à droite, regardant de face, coiffée du chaperon à templette.

Aux deux crayons.

Haut., 242 millim.; larg., 165 millim.

4 — **Robert de La Marck, sieur de Fleurange**, appelé depuis le *maréchal de Bouillon*, en buste, tourné de trois quarts à gauche, coiffé d'une toque à bords rabattus.

Aux deux crayons. De forme octogone.

Haut., 220 millim.; larg., 165 millim.

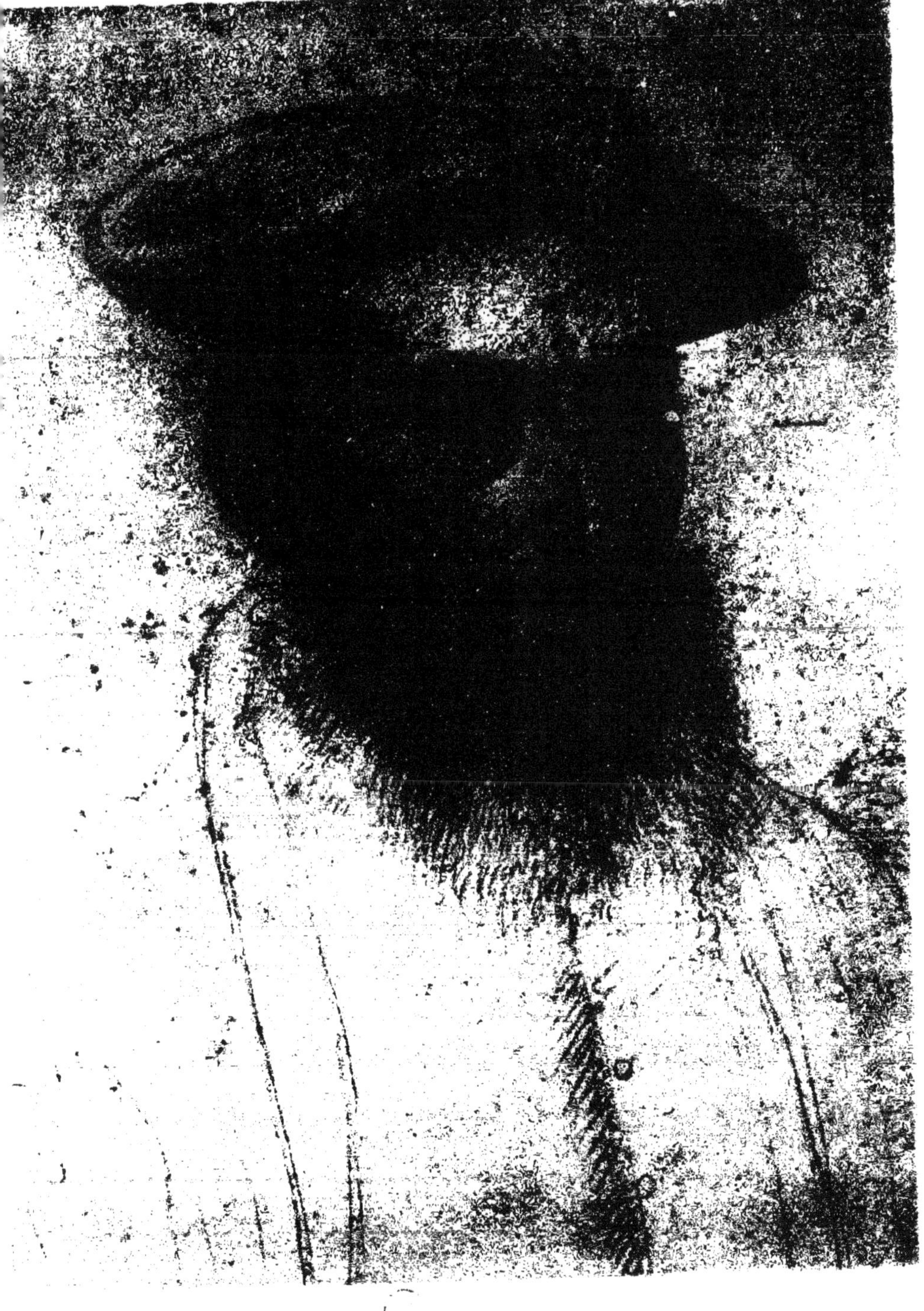

N° 5.

École de FRANÇOIS JANET
dit CLOUET

(Tours, vers 1516 † 1572)

5 — Portrait d'un Personnage en buste, tourné de trois quarts à droite, coiffé à la mode de 1560 et portant une longue barbe noire.

Aux deux crayons.

Haut., 265 millim.; larg., 194 millim.

REPRODUIT.

6 — Portrait d'un **Comte Palatin du Rhin,** en buste, tourné de trois quarts à gauche, moustache et barbiche en pointe.

Aux deux crayons.

Haut., 221 millim.; larg., 163 millim.

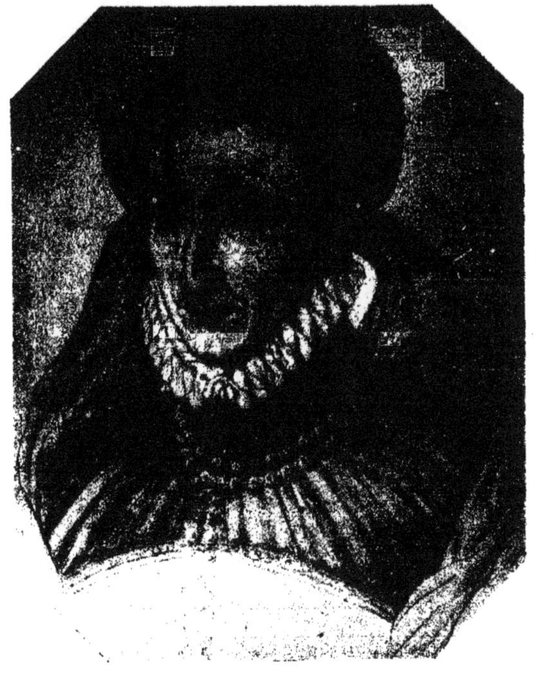

N° 7.

ANONYME

(XVIe siècle)

7 — Portrait de **Jeanne d'Albret, reine de Navarre, mère d'Henri IV,** en buste, de trois quarts à gauche ; elle porte un chaperon de deuil.

Aux crayons de couleurs.

Haut., 255 millim.; larg., 185 millim.

REPRODUIT.

2

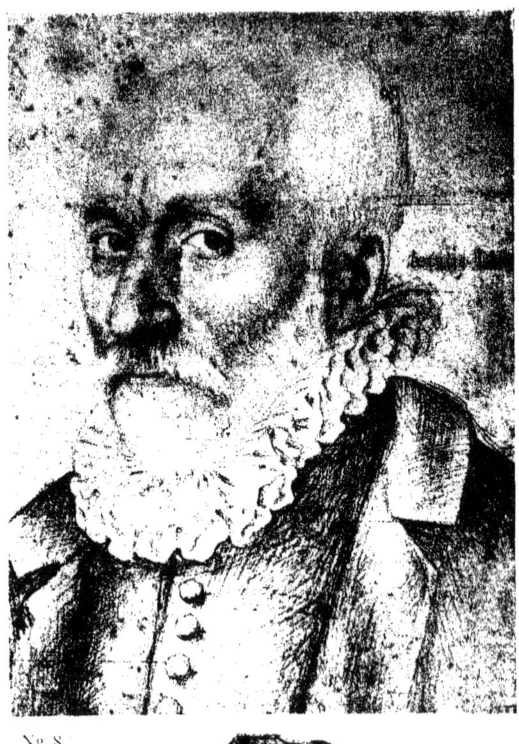

N° 8.

BERTAUD (Pierre)

8 — Portrait d'un Seigneur, en buste, tourné de trois quarts à gauche, cheveux et barbe blancs, verrue au-dessus de l'arcade sourcillière droite, petite fraise. On lit. à droite : **ætatis LXII**, puis, dans un petit cartouche indépendant, qui faisait jadis corps avec le dessin, la signature : *Petrus Bertaldus fecit 1580.*

Aux crayons de couleurs.

Haut., 203 millim.; larg., 150 millim.

REPRODUIT.

Ce dessin revêt un caractère des plus précieux pour l'histoire de l'art français du XVIe siècle, en ce sens qu'il révèle le nom d'un artiste non encore signalé jusqu'à ce jour.

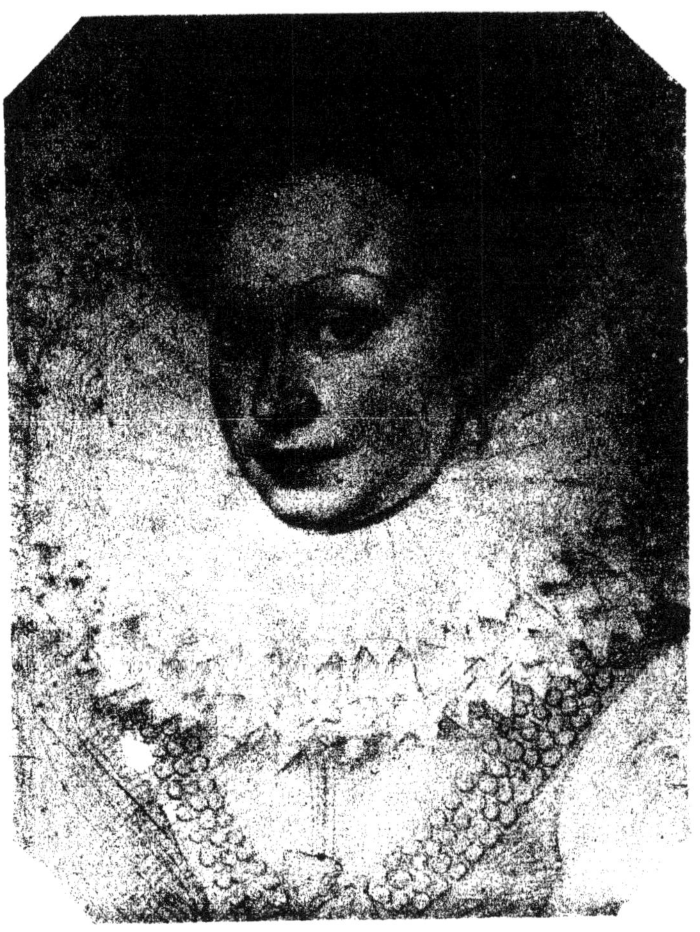

N° 9.

FAMILLE DES DUMONSTIER

(1570-1595)

9 — Portrait de **Judith d'Acigné, dame de Cossé, comtesse de Brissac,** en buste, tournée de trois quarts à gauche, portant une coiffure relevée, pendentif à l'oreille, large collerette.

Aux crayons de couleurs.

Haut., 298 millim.; larg., 234 millim.

REPRODUIT.

10 — Portrait d'un Seigneur, en buste, tourné de trois quarts à droite, regardant de face, épaisse chevelure, moustache relevée et barbe courte, grand col.

Aux crayons de couleurs.

Haut., 280 millim ; larg., 210 millim.

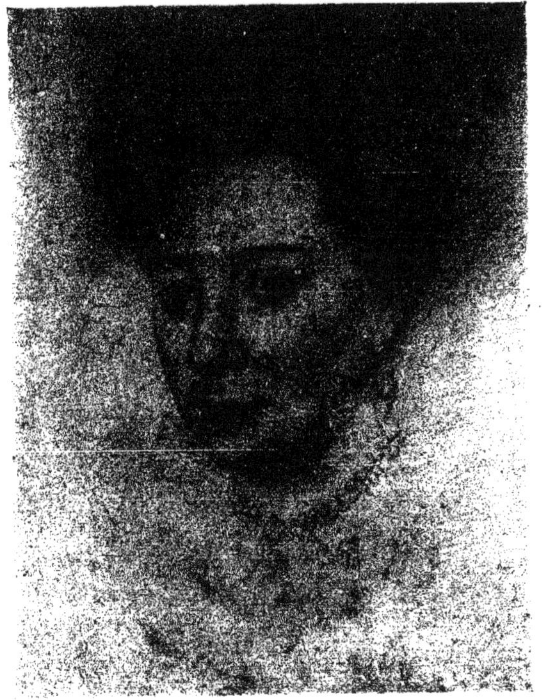

N° 11.

11 — Portrait d'une jeune Dame de qualité, en buste, tournée de trois quarts à gauche, regardant de face, boucle d'oreille, collier d'un double rang de perles au cou, très légère indication de collerette.

Aux crayons de couleurs.

Haut., 236 millim.; larg., 185 millim.

REPRODUIT.

850
Hodgkins

12 — Portrait d'une jeune Dame de qualité, en buste, tournée de trois quarts à gauche, cheveux relevés avec fleur piquée, perle à l'oreille, collier de perles au cou, haute collerette.

Aux crayons de couleurs.

Haut., 290 millim.; larg., 225 millim.

13 — Portrait d'un jeune Seigneur, en buste, tourné de trois quarts à gauche, chevelure noire abondante, moustache, petite barbe et favoris.

Aux crayons de couleurs.

Haut., 286 millim.; larg., 210 millim.

REPRODUIT.

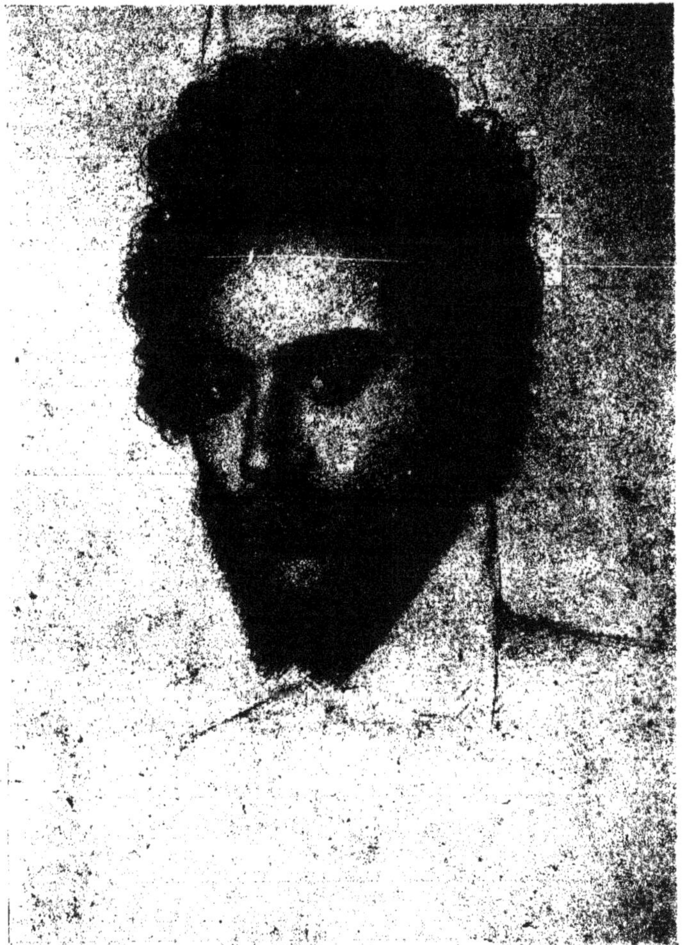

N° 13.

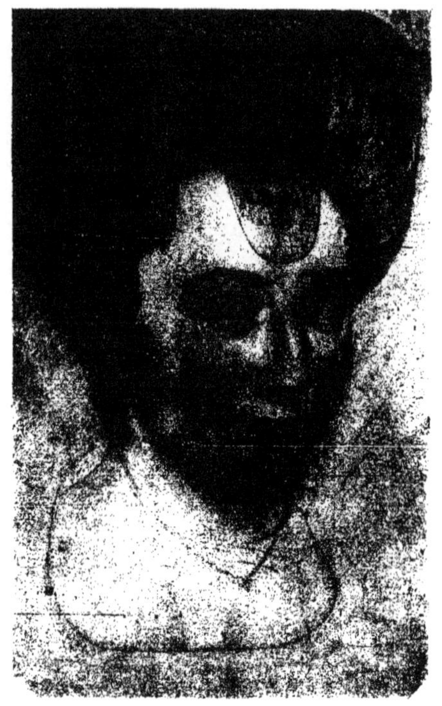

N° 14.

14 — Portrait présumé de **Marie Touchet de Belleville, dame de Balzac d'Entragues,** en buste, tournée de trois quarts à droite, regardant de face; elle porte un béguin de deuil, très légère indication de collerette.

Aux crayons de couleurs.

Haut., 270 millim.; larg., 172 millim.

REPRODUIT.

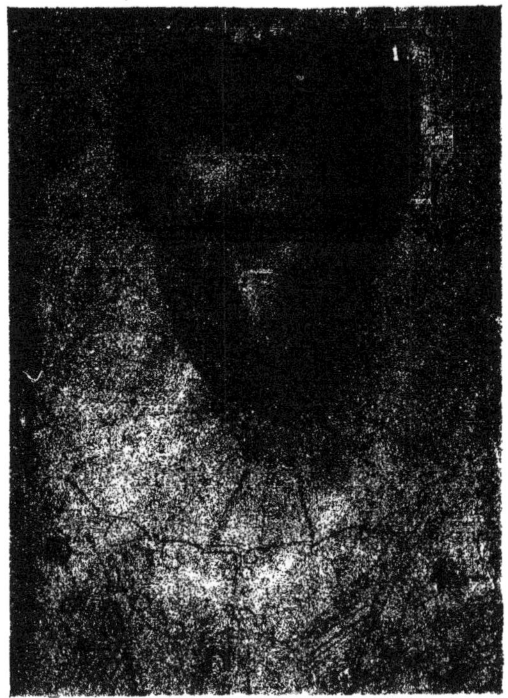

N° 15.

15 — Portrait d'une jeune Dame de qualité, en buste, tournée de trois quarts à gauche, regardant de face, pendentif à l'oreille, double collier de perles au cou, grande collerette encadrant le visage.

Aux crayons de couleurs.

Haut., 308 millim.; larg., 228 millim.

REPRODUIT.

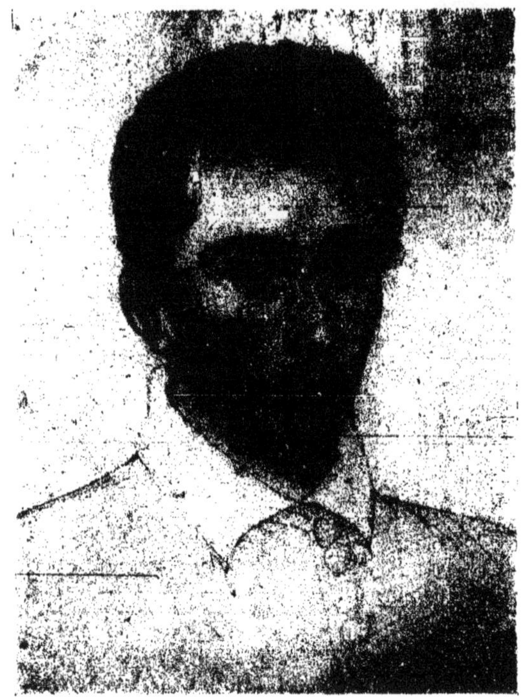

N° 16.

16 — Portrait d'un Artiste (?), en buste, légèrement tourné à droite, regardant de face, cheveux châtain clair, moustache et barbe naissantes, col rabattu.

Aux crayons de couleurs.

Haut., 266 millim.; larg., 203 millim.

REPRODUIT.

N° 17.

17 — Portrait présumé de **Catherine-Henriette de Balzac d'Entragues, marquise de Verneuil,** maîtresse d'Henri IV, en buste, tournée de trois quarts à gauche, regardant de face, très légère indication de collerette. 1850 Paulme

Aux crayons de couleurs.

Haut., 275 millim.; larg., 205 millim.

REPRODUIT.

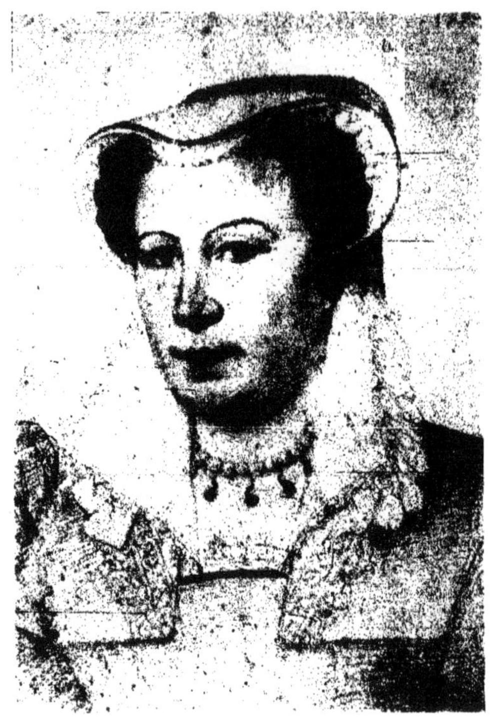

N° 18.

18 — Portrait d'une Dame de qualité, en buste, légèrement tournée à gauche, coiffée d'un chaperon, collet monté garni d'une broderie, collier au cou. On lit dans le haut, à droite, la date : **1577.**

Aux crayons de couleurs.

Haut., 292 millim.; larg., 220 millim.

REPRODUIT.

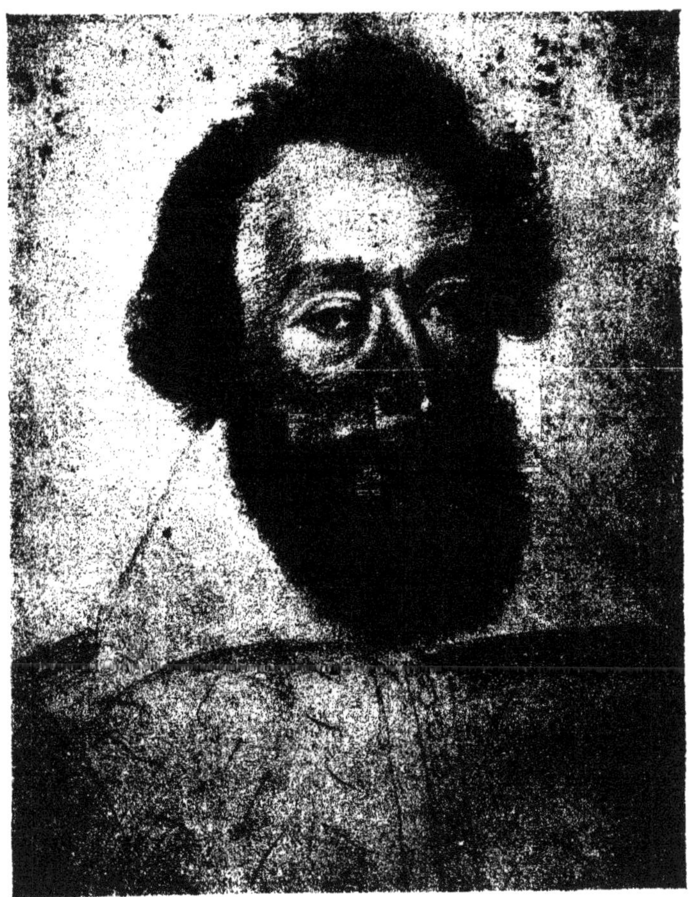

N° 19.

19 — Portrait d'un Seigneur, en buste, presque de face, légèrement tourné à droite, barbe et cheveux roux, portant une large collerette.

Aux crayons de couleurs.

Haut., 292 millim.; larg., 230 millim.

REPRODUIT.

20 — Portrait d'une jeune Dame de qualité, en buste, tournée de trois quarts à gauche, coiffure élevée piquée de deux perles, collerette, perle à l'oreille et colliers sur la poitrine.

Aux crayons de couleurs.

Haut., 310 millim.; larg., 221 millim.

REPRODUIT.

21 — Portrait d'une Dame de qualité, en buste, légèrement tournée à gauche, collerette, pendentif à l'oreille, collier de perles à deux rangs, sur la poitrine.

Aux crayons de couleurs.

Haut., 300 millim.; larg., 224 millim.

REPRODUIT.

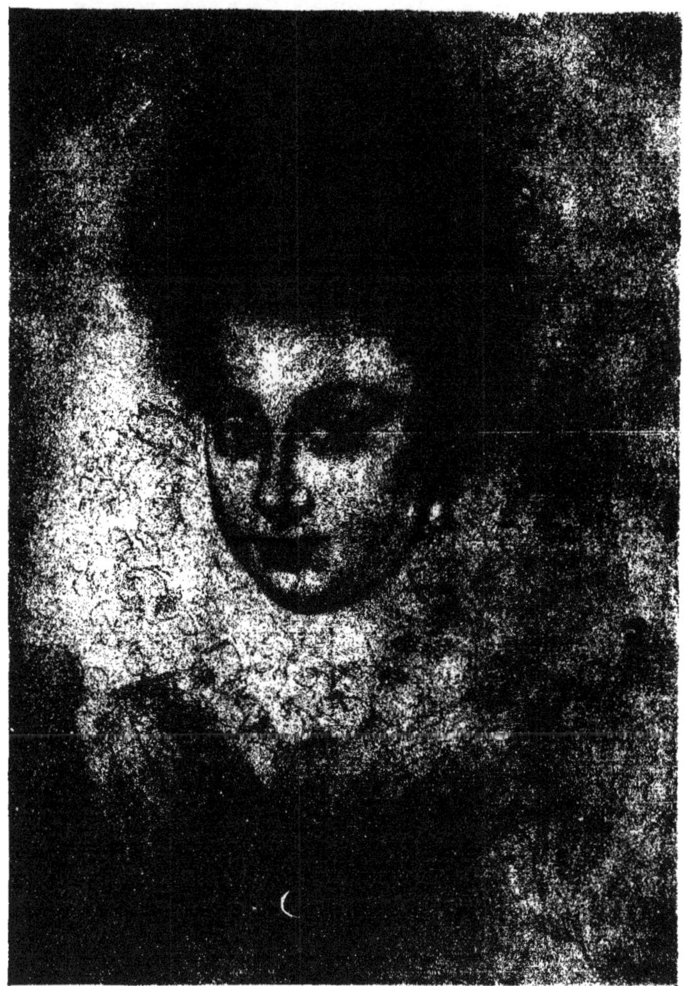

N° 20.

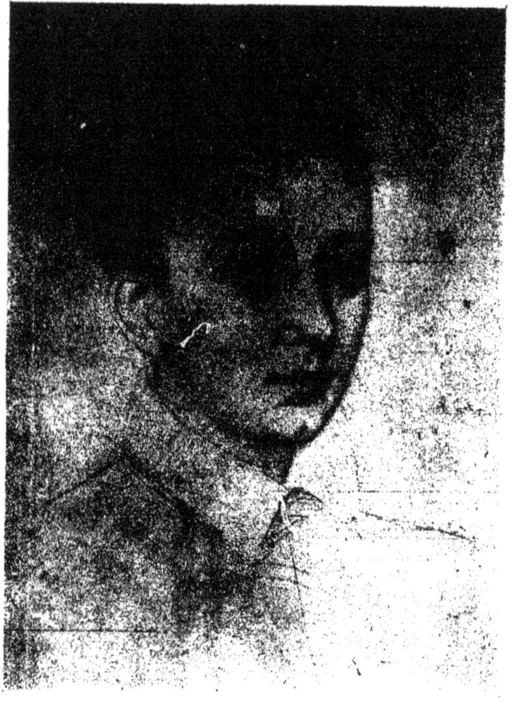

N° 22.

22 — Portrait de Garçonnet, en buste, tourné de trois quarts à droite, regardant de face, col rabattu.

Aux crayons de couleurs.

Haut., 268 millim.; larg., 197 millim.

REPRODUIT.

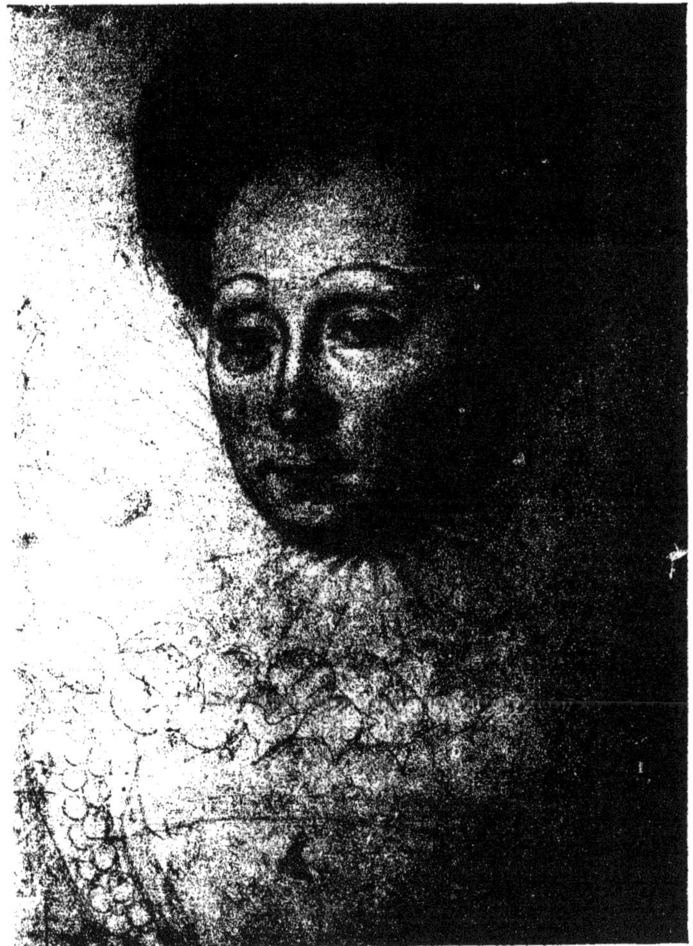

N° 21.

23 — Portrait d'une Dame de qualité, en buste, tournée de trois quarts à droite, regardant de face, cheveux relevés, pendant d'oreille (tête de mort), collerette. On lit dans le haut, à droite, la date : **1584.**

Aux crayons de couleurs.

Haut., 280 millim.; larg., 220 millim.

24 — Portrait d'une Dame de qualité, en buste, tournée de trois quarts à gauche, coiffure relevée, collier autour du cou, perle à l'oreille, décolletée. On lit dans le haut, à droite, la date : **1593.**

Aux crayons de couleurs.

Haut., 314 millim.; larg., 220 millim

N° 25.

25 — Portrait présumé d'**Anne, duc de Joyeuse,** en buste, tourné de trois quarts à gauche, regardant de face. 700 Goldschmidt

Aux crayons de couleurs. De forme octogone.

Haut., 273 millim.; larg., 217 millim.

REPRODUIT.

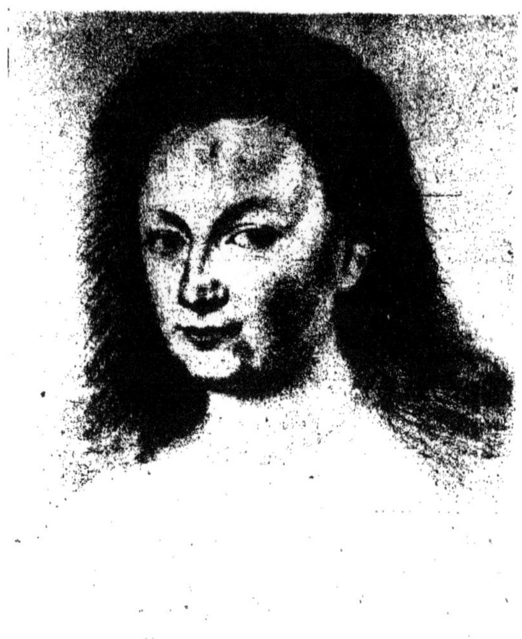

N° 26.

26 — Portrait présumé de la **femme d'un des membres de la famille Dumonstier,** en buste, tournée de trois quarts à gauche, regardant de face, longs cheveux blonds tombant sur les épaules, décolletée, collier de perles au cou.

Sur une bande de papier indépendante du dessin, mais s'y rapportant, croyons-nous, on lit, en écriture du XVIIe siècle, l'inscription suivante : *femme de Moutié, peintre du Roy enry 4.*

Aux crayons de couleurs.

Haut., 304 millim.; larg., 226 millim.

REPRODUIT.

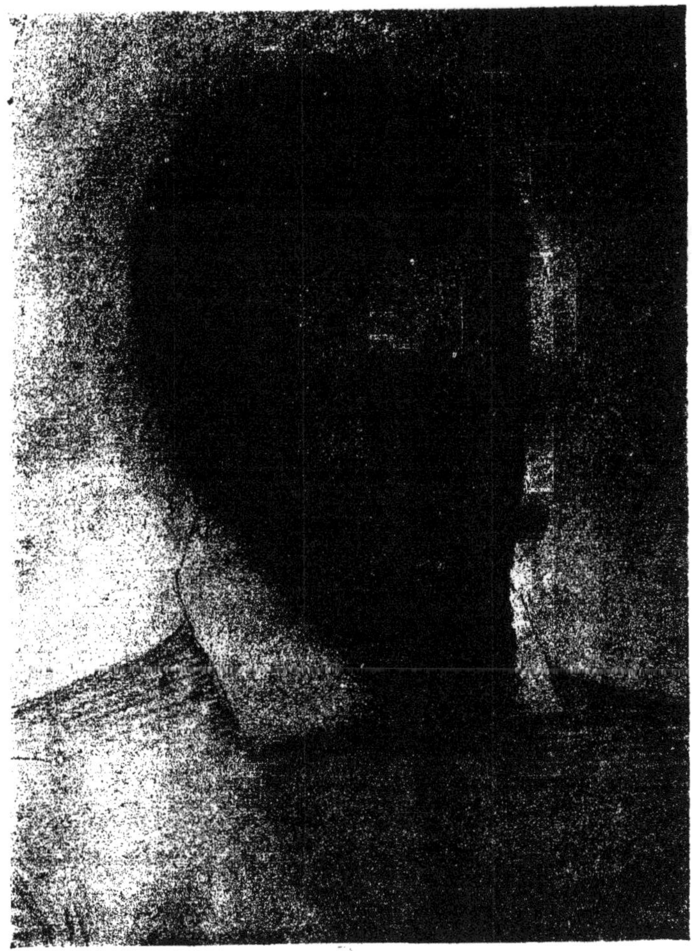

Nº 30.

27 — Portrait d'un jeune Seigneur, en buste, tourné de trois quarts à gauche, regardant de face, longs cheveux tombant bouclés sur les épaules, petite moustache et barbiche, col.

Aux crayons de couleurs.

Haut., 292 millim.; larg., 225 millim.

28 — Portrait d'une Dame de qualité, en buste, tournée de trois quarts à gauche, cheveux relevés, boucles d'oreilles et collier perles et étoiles, décolletée, grande collerette encadrant le visage. On lit en haut : **1587**.

Aux crayons de couleurs.

Haut., 318 millim.; larg., 228 millim.

29 — Portrait d'une Princesse, en buste, tournée de trois quarts à gauche, coiffure relevée, surmontée d'un diadème, fleur piquée dans les cheveux, pendants d'oreilles, large fraise.

Aux crayons de couleurs.

Haut., 300 millim.; larg., 210 millim.

30 — Portrait d'un jeune Seigneur, en buste, tourné de trois quarts à droite, chevelure épaisse, moustache relevée et barbe en pointe, petite collerette. On lit dans le haut, à droite, la date : **1589**.

Aux crayons de couleurs.

Haut., 270 millim.; larg., 203 millim.

REPRODUIT.

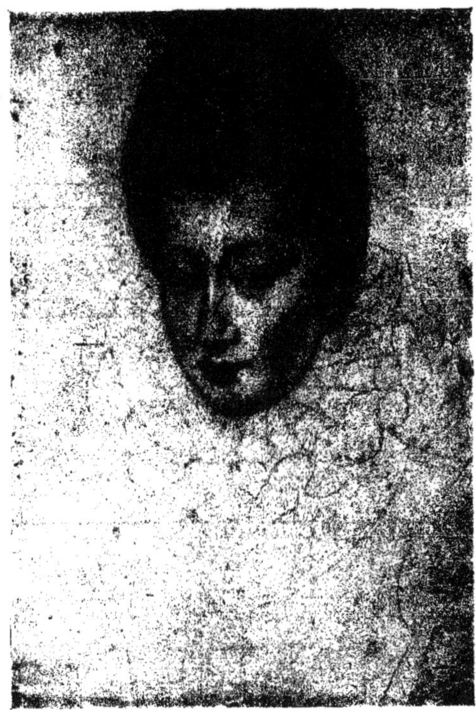

N° 31.

31 — Portrait présumé de **Gabrielle d'Estrées, duchesse de Beaufort,** en buste, tournée de trois quarts à gauche, coiffure haute, ornée de trois pierres, perle à l'oreille, fraise légèrement indiquée.

Aux crayons de couleurs.

Haut., 340 millim.; larg., 234 millim.

N. B. — On lit, en écriture du XVIIe siècle, sur la feuille de monture : *Duchesse de Baufort, favorite d'enry 4.*

REPRODUIT.

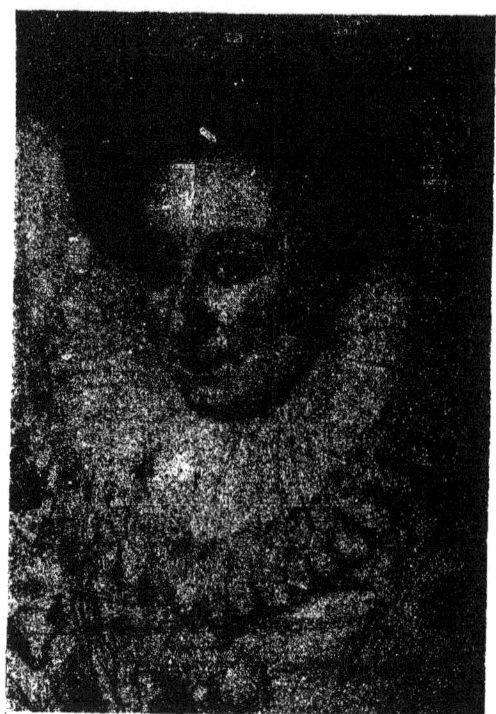

N° 32.

32 — Portrait présumé de **Diane d'Estrées, dame de Montluc-Balagny,** en buste, tournée de trois quarts à gauche, coiffure relevée sur les tempes et surmontée de fleurs, collerette. On lit en haut, à droite, la date : 1578.

Aux crayons de couleurs.

Haut., 284 millim.; larg., 202 millim.

REPRODUIT.

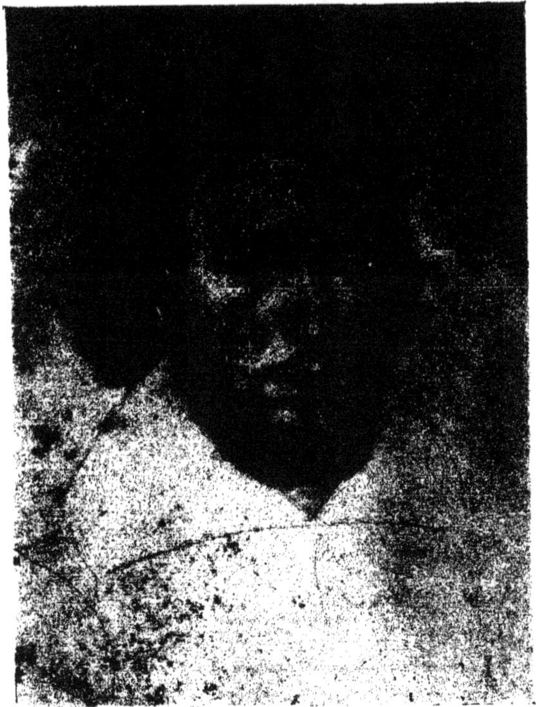

N° 33.

33 — Portrait présumé d'**Henry de Gondi, cardinal de Retz,** jeune, en buste, légèrement tourné à droite, regardant vers la gauche, cheveux longs et abondants, moustache et barbe naissantes, habit ecclésiastique. 950 Mme de Lacharrière

Aux crayons de couleurs.

Haut., 266 millim.; larg., 204 millim.

REPRODUIT.

34 — Portrait d'une jeune Dame de qualité, en buste, tournée de trois quarts à gauche, collier de trois rangs de perles au cou, pendentif à l'oreille, collerette. On lit dans le haut, à droite, la date : **1594.**

Aux crayons de couleurs.

Haut., 310 millim. ; larg., 237 millim.

REPRODUIT.

35 — Portrait d'un jeune Seigneur, en buste, tourné de trois quarts à gauche, cheveux noirs et crépus, légère moustache tombante, petite fraise, col montant.

Aux crayons de couleurs.

Haut., 365 millim. ; larg., 200 millim.

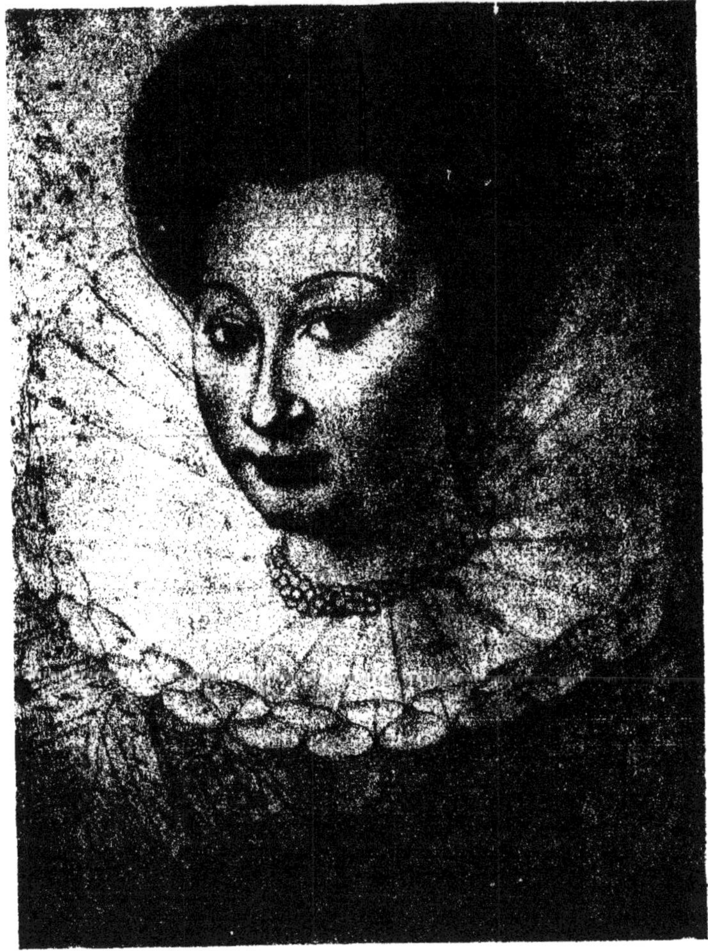

N° 34.

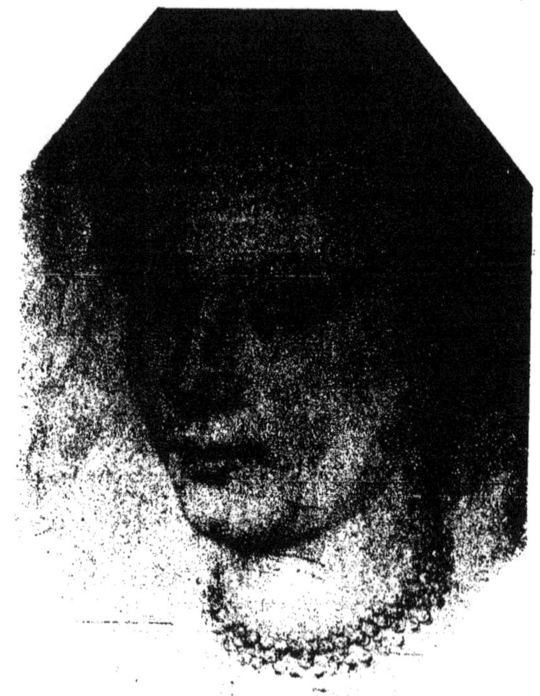

N° 36.

36 — Portrait d'une Dame de qualité, en buste, tournée de trois quarts à gauche, regardant de face, perle à l'oreille, collier d'un quadruple rang de perles.

Aux crayons de couleurs. De forme octogone.

Haut., 205 millim.; larg., 157 millim.

REPRODUIT.

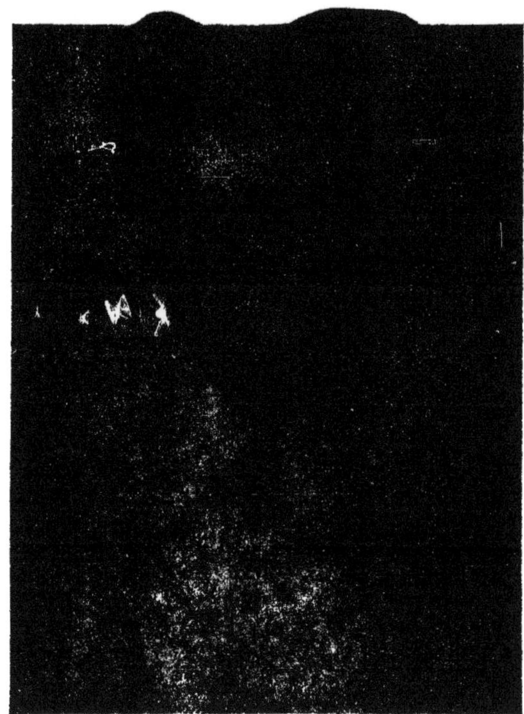

N° 37.

37 — Portrait de **Mlle de Rieux,** en buste, tournée de trois quarts à gauche, coiffée d'un chaperon, petit collier et collerette encadrant le visage. Au verso du dessin, le nom du personnage, en écriture du XVIe siècle. 1350 Hodgkins

Aux crayons de couleurs.

Haut., 308 millim.; larg., 235 millim.

REPRODUIT.

38 — Portrait d'une jeune Dame de qualité, en buste, tournée de trois quarts à gauche, coiffée d'un chaperon, fraise. 900 Hodgkins

Aux crayons de couleurs.

Haut., 292 millim.; larg., 208 millim.

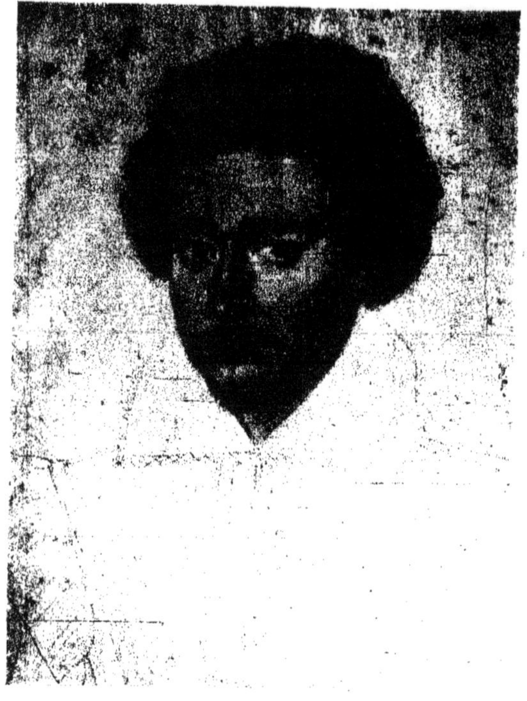

N° 39.

1000
M. de Lucharrière

39 — Portrait présumé de **Charles de Neuville, seigneur de Villeroy** et **d'Alincourt**, en buste, tourné de trois quarts à gauche, regardant de face, épaisse chevelure, moustache et barbe naissantes, col brodé.

Aux crayons de couleurs.

Haut., 303 millim.; larg., 230 millim.

REPRODUIT.

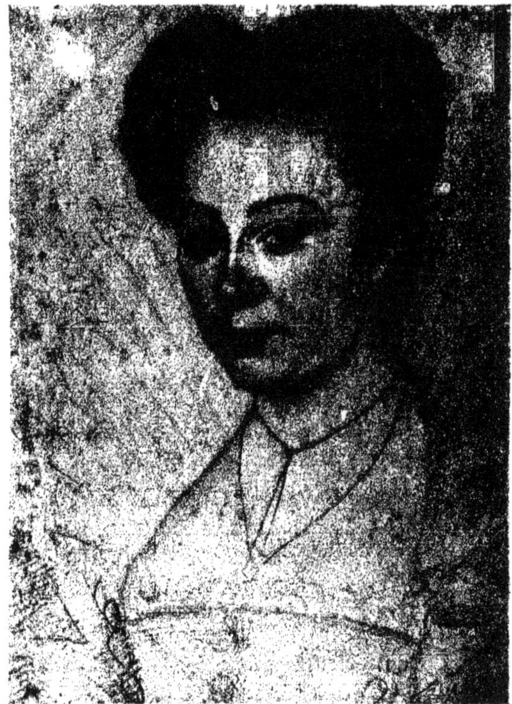

N° 40.

40 — Portrait d'une jeune Dame de qualité, en buste, tournée de trois quarts à gauche, décolletée, pendentif et grande collerette. On lit dans le haut, à droite, la date : **1591**.

750
Paul Thivel

Aux crayons de couleurs.

Haut., 312 millim.; larg., 232 millim.

REPRODUIT.

41 — Portrait de **Marguerite de Valois, sœur de Charles IX, reine de Navarre,** enfant, en buste, tournée de trois quarts à gauche, coiffure ondulée et coiffée d'un chaperon.

Aux crayons de couleurs.

Haut., 330 millim.; larg., 233 millim.

42 — Portrait de Seigneur, en buste, tourné de trois quarts à droite, cheveux coiffés en arrière, moustache tombante, barbe courte, fraise.

Aux crayons de couleurs.

Haut., 343 millim.; larg., 213 millim.

REPRODUIT.

43 — Portrait présumé de **Catherine-Charlotte de la Trémoille, princesse de Condé**, en buste, tournée de trois quarts à gauche, perle à l'oreille, collerette encadrant le visage.

Aux crayons de couleurs.

Haut., 290 millim.; larg., 232 millim.

REPRODUIT.

44 — Portrait d'une Dame de qualité, en buste, coiffure élevée, grosse perle à l'oreille, collerette, broderies, collier de perles à deux rangs autour du cou (légèrement taché).

Aux crayons de couleurs.

Haut., 295 millim.; larg., 210 millim.

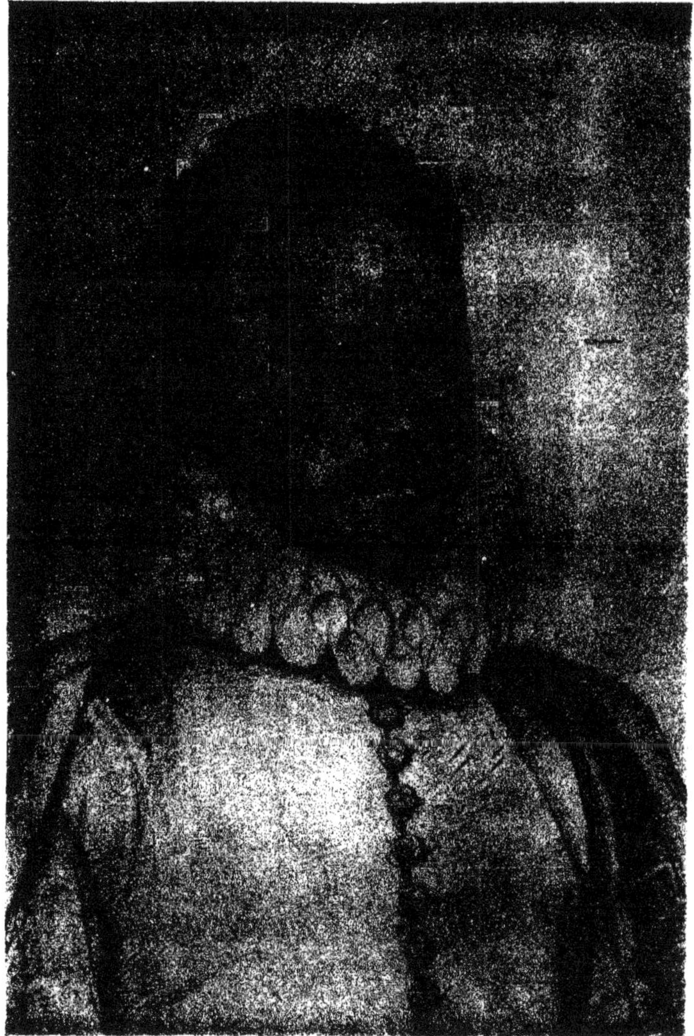

N° 42.

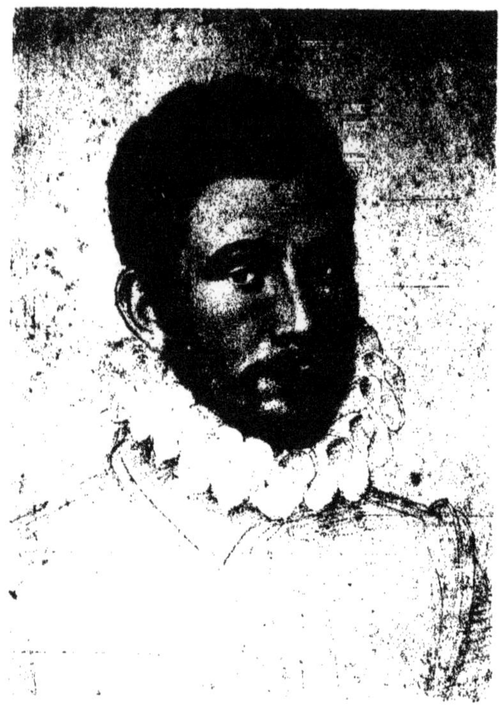

N° 45.

1850 — le Bréville — 45 Portrait d'un Seigneur, en buste, légèrement tourné à droite, regardant de face, chevelure épaisse, moustache et barbe légères, collerette.

Aux crayons de couleurs. Au verso du dessin, indication d'un nom en écriture du temps.

Haut., 275 millim.; larg., 195 millim.

REPRODUIT.

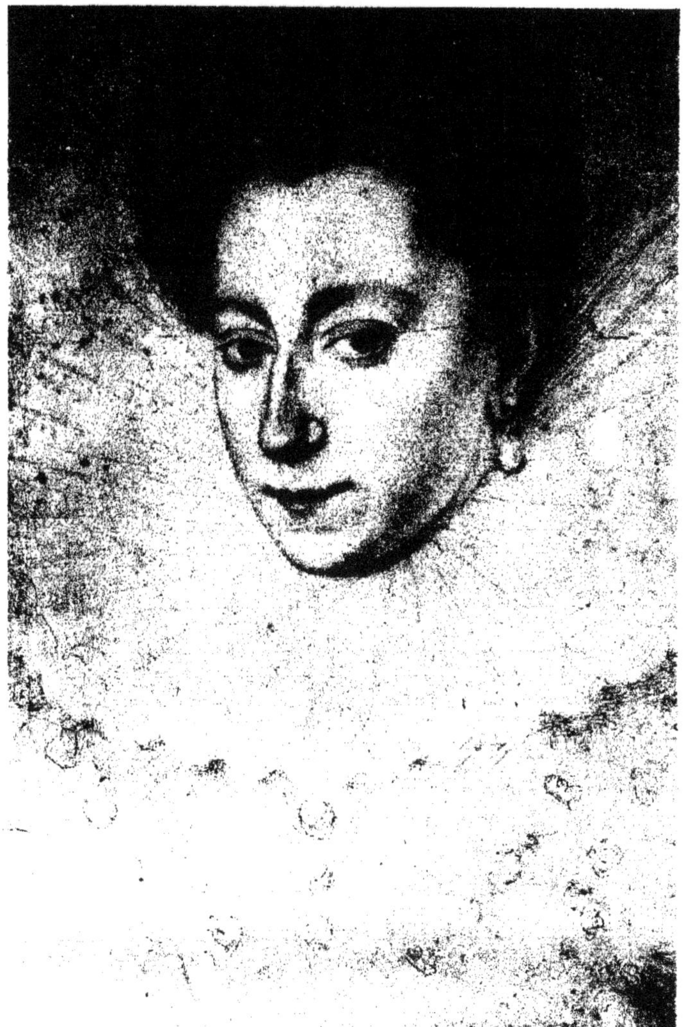

N° 46.

46 — Portrait d'une Dame de qualité, en buste, tournée de trois quarts à gauche, brillant dans la chevelure, pendentif à l'oreille gauche; elle porte une grande collerette encadrant le visage.

Aux crayons de couleurs.

Haut., 335 millim.; larg., 230 millim.

REPRODUIT.

47 — Portrait d'une Dame de qualité, en buste, légèrement tournée à droite, chevelure relevée aux tempes, avec accroche-cœur, boucle d'oreille et collier de deux rangs de perles, double collerette Médicis.

Aux crayons de couleurs.

Haut., 317 millim.; larg., 236 millim.

REPRODUIT.

48 — Portrait d'un jeune Seigneur, en buste, tourné de trois quarts à gauche, regardant de face, cheveux longs tombant en boucles sur l'épaule, moustache et barbe naissantes, blond, collerette rabattue.

Aux crayons de couleurs.

Haut., 278 millim.; larg., 210 millim.

REPRODUIT.

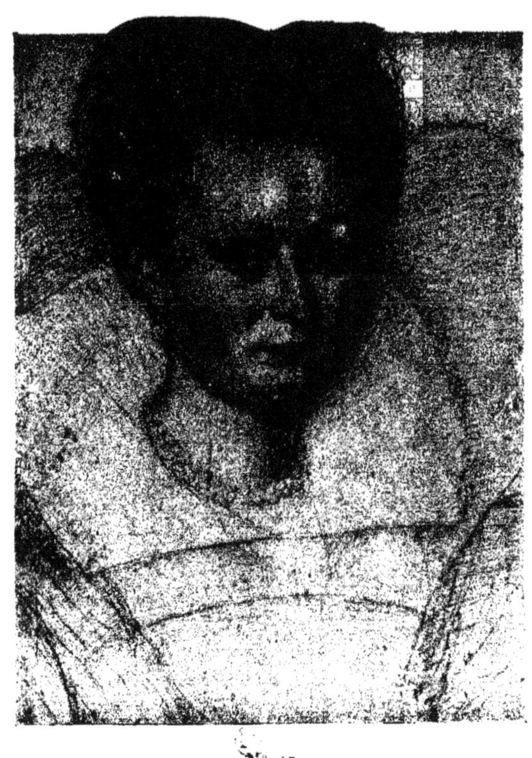

N° 47.

49 — Portrait d'une Dame de qualité, en buste, tournée de trois quarts à gauche, regardant de face, cheveux relevés, perle à l'oreille.

Aux crayons de couleurs. De forme octogone.

Haut., 223 millim.; larg., 165 millim.

620
Pauline

50 — Portrait présumé d'une **duchesse de Nemours**, en buste, tournée de trois quarts à gauche, regardant de face, coiffée en arcelets et portant l'escoffion; elle porte une fraise et collier de diamants et de perles.

Aux crayons de couleurs.

Haut., 290 millim.; larg., 195 millim.

DUMONSTIER (Attribué à Daniel)

(1574-1646)

51 — Portrait d'une Dame de qualité, en buste, légèrement tournée à droite, cheveux moutonnés, grosse perle à l'oreille, collier de perles autour du cou.

Aux trois crayons. De forme octogone.

Haut., 226 millim.; larg., 167 millim.

ANONYME

(Première moitié du XVIIe siècle.)

52 — Portrait de **Jean Guillaume III, duc de Clèves** (?) en buste, presque de face, légèrement tourné à gauche, fraise, dans un encadrement ovale or.

Aux crayons de couleurs avec rehauts d'or.

Haut., 127 millim.; larg., 100 millim.

N. B. — Le nom du personnage est écrit au verso du dessin, en écriture ancienne.

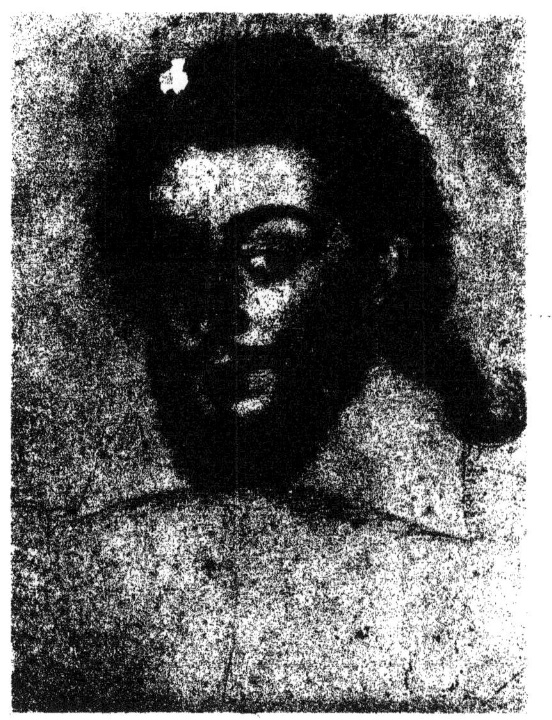

N° 48.

53 — Portrait de Femme en buste, presque de face, cheveux châtain clair abondants, que surmontent des fleurs. 400 Schinguth

Aux crayons de couleurs.

Haut., 124 millim.; larg., 90 millim.

LAGNEAU

54 — Portrait présumé de **Pierre Gringoire,** en buste, tourné de trois quarts à droite, regardant de face, cheveux longs tombant sur les tempes et les épaules, chapeau de feutre.

Aux crayons de couleurs.

Haut., 201 millim.; larg., 147 millim.

ANONYME

(XVIIe siècle)

55 — Portrait d'une jeune Fille de qualité, en buste, légèrement tournée à droite, regardant de face, cheveux noués en torsade sur le dessus de la tête, collier de perles au cou, corsage légèrement décolleté.

Aux crayons de couleurs. De forme octogone.

Haut., 246 millim.; larg., 162 millim.

www.ingramcontent.com/pod-product-compliance
Ingram Content Group UK Ltd.
Pitfield, Milton Keynes, MK11 3LW, UK
UKHW020447180726
13839UKWH00004B/1678

9 782329 544304